bremisches

Bremens langjähriger Landeskonservator
Karl Dillschneider
hat uns viel bremisches nahegebracht.
Dafür danken wir ihm.

Die Autoren

und...und...und...und...und...und...und...und...und...und...und...und...und...

und...und...und...und...und...und...und...und...und...und...und...und...und...und

und...und...und...und...und...und...und...und...und...und...und...und...und...und...

und...und...und...und...und...und...und...und...und...und...und...und...und...und

und...und...und...und...und...und...und...und...und...und...und...und...und...und...

und...und...und...und...und...und...und...und...und...und...und...und...und...und

und...und...und...und...und...und...und...und...und...und...und...und...und...und...

und...und...und...und...und...und...und...und...und...und...und...und...und...und

und...und...und...und...und...und...und...und...und...und...und...und...und...und...

und...und...und...und...und...und...und...und...und...und...und...und...und...und

und...und...und...und...und...und...und...und...und...und...und...und...und...und...

und...und...und...und...und...und...und...und...und...und...und...und...und...und

und...und...und...und...und...und...und...und...und...und...und...und...und...und...

und...und...und...und...und...und...und...und...und...und...und...und...und...und

und...und...und...und...und...und...und...und...und...und...und...und...und...und...

und...und...und...und...und...und...und...und...und...und...und...und...und...und

und...und...und...und...und...und...und...und...und...und...und...und...und...und...

und...und...und...und...und...und...und...und...und...und...und...undundund

bremisches, was man kennt, gibs als Postkarte.

Bremisches, was es nich als Postkarte gibt, kennt man nich.

Da kuckt einer leicht überhin und denkt, da is nix dran.

Was natürlich nich schlimm is.

Aber Professer Jarchow und Professer Klimek meinten,

ich soll da trotzdem ruhig mal n Satz zu sagen.

Damit man mal sieht, wieviel da dran is, wo einer denkt, da is nix dran.

Wobei die beiden wussten, dass ich keine Kappezität bin, sondern bloß Bremer.

Und midde Dschahreszahlen habbich das auch nich so.

Das is bei mir alles nur zürka.

Aber sie meinten, das macht nix,

und ich soll man einfach erzählen, ümmer frei vonner Leber wech.

Bremisches, **wo einer leicht überhin kuckt.**

1 Die Glucke wo alles mit angefangen hat   **2 Das Rosefass** wo dem Bischof ein Licht aufging

5 Die Kaufmannstreppe wo einer gleich ins Rathaus läuft   **6 Das Baumwollmosaik** wo nich alles

8 Die Turmbläser wo ümmer ein Tut kam   **9 Der Brautlöwe** wo das Frollein mit 30 an putzt

11 Der Spuckstein wo zuletz unsere Gesche dran war   **12 Das Wasserpferd**

14 Der Tierbrunnen wo einer gezwitschert wird   **15 Die Schürze** wo keiner inne Ecke kann   **16 Das**

18 Der Ulenstein wo die Zitti steinalt is   **19 Die Goldwaage** wo nich viel draufgeleecht wurde

22 Die Ochsenvase wo es sich um die Betten dreht   **23 Die Goldmarie** wo der deutsche Staat noch

25 Der Rosselenker wo sich einer an stört   **26 Der Olbers** wo man inne Röhre kuckt

29 Das Steinerne Kreuz wo nachher beim Kohl der Kopp abkam   **30 Das Hans-Sachs-Haus** wo der

32 Die Liebeslaube wo die zarteste Versuchung is   **33 Die Heine-Bank** wo einer Mut hatte

36 Der Juxmajor wo das Latein am Ende war   **37 Die Komturei**

39 Das Roselius-Haus wo die Damen dem Herrn ein Angebot machten   **40 Der Himmelssaal** wo

42 Das Klavierträgerhaus wo Schmalhans Baumeister war   **43 Die Umgestülpte**

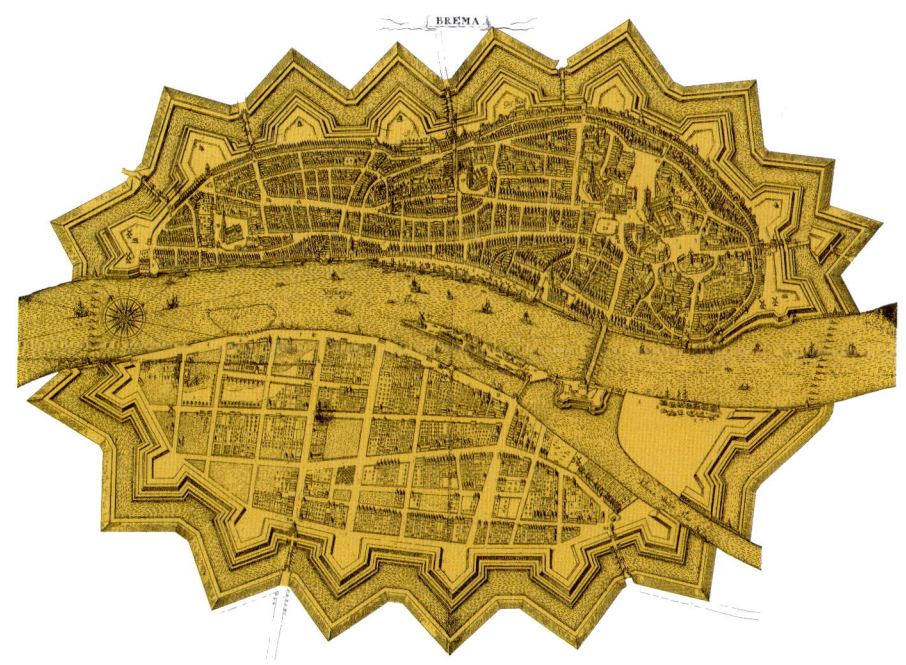

und wie nett wir Bremer sind, das wird in tierischer Form
schon am Rathaus klar. Denn der Esel, der Hund, die Katze und
der Hahn, die hätten ja überall hingehen können.
Nach Paris oder Rom oder meinzwegen auch nach Hamburg.
Nee, wollten se aber nich. Die wollten zu uns.
Und so war das ümmer, vom ersten Tach an. Denn ganz früher mal
kamen aame Leute aufm Boot die Weser rauf und suchten
nen Platz, wo sie neu anfangen konnten. Und da sahen sie am Ufer ne Henne,
die mit ihren Küken zugange war und n schönes Nest baute.
Und da wussten sie, hier isses, und sind gleich raus ausm Boot
und haben Bremen gegründet.
Was natürlich sagenhaft is, aber trotzdem ne schöne Geschichte,
und vielleicht stimmt se ja auch.

Glucke:
Sandsteinrelief im rechten
Zwickel des zweiten Bogens
der Rathausarkaden. Motiv für
das von Friedrich Wagenfeld
im 19. Jh. verfasste Märchen
über Bremens Stadtgründung.

Rathaus:
1405–1410 Grundbau im Stil
der Backsteingotik. 1608–1612
Um- und Anbauten im Stil der
Weserrenaissance durch Lüder
von Bentheim. Dabei auch
Entwicklung der drei Giebel an
der Fassadenfront.

„Die Bremer Stadtmusikanten":
Bronzeplastik von Gerhard
Marcks. 1952 an der Westseite
des Rathauses aufgestellt.

1 **Die Glucke** wo alles mit angefangen hat

und im Middelalter hat sich n Bremer Erzbischof überleecht, dass er einklich Generalvertreter für Abendmahlswein werden könnte.

Bis nach Grönland hin sollte es im ganzen Norden kein frommen Schluck geben, wo er nich seine Maak bei machen würde.

Und seitdem läuft über Bremen das dicke Weingeschäft.

Und so siehst du denn auch heute noch im Hafen riesige Weinspeicher – oder an alten Häusern, ümmer mal so als Kunst, n paar Weintrauben oder n Fass.

Und im Ratskeller natürlich sowieso.

Wobei der Ratskeller in einigen Ecken aber auch sonst noch das reinste Middelalter is.

Statt elektrisch gibs da nur Kerzen. Und in so einer Ecke steht auch das Rosefass – mit dem ältesten Fasswein drinne von ganz Deutschland.

Der is bald 350 Jahre alt.

Aber glaub ja nich, dass du den nich mehr trinken kannst.

Nee, im Gegenteil, n besseren Wein gibs überhaup nich, und den kannst du heute noch genießen – oder gerade du vielleicht doch nich.

Weil: Der is teuer.

Rosefass:
Behälter des ältesten deutschen Fassweins, einem Rüdesheimer rosé von 1653. Im Rosekeller des Ratskellers.

Ratskeller:
1405 eingerichtet. Nachdem der Rat der Stadt sich das Weinmonopol verschafft hatte. Damit einer der ältesten deutschen Stadtweinkeller. Heute mit einem Angebot von über 650 Weinen aus allen deutschen Anbaugebieten. Darunter viele alte Raritäten.

2 **Das Rosefass** wo dem Bischof ein Licht aufging

und was n richtiger Bremer is, der weiß, ne Verabredung hinterm Roland, die gildet nicht.
Da kanner hin, musser aber nich. Und wenn der annere kein richtiger Bremer is
und die Sitte nich kennt, dann steht der natürlich hinterm Roland und waatet und waatet.
Aber wenn er schlau is, waatet er nur n paar Minuten und geht dann rüber
zum Ratskeller und lernt ne nette Dame kennen und macht sich n schönen Abend.
Wobei es aber auch da nich ohne Sitte geht, dschedenfalls nich inner Priölke.
Ne Priölke is nämlich kein Schammbre seepareh.
Schammbre seepareh is mehr die französische Aat, die aber inner Priölke nich sein soll.
Und darum is „Tür zu" inner Priölke abselut nich erlaubt, wenn
der Herr da mit der Dame alleine is. Bei „Tür zu" muss man mindestens zu dritt sein.
Damit nix los is, wenn einer reinkommt.

Priölken:
Seitliche Holzverschläge, die
im Ratskeller als intime
Trinkstuben genutzt werden.
Eingerichtet um 1600 unter
der Bezeichnung „Loga menter".
Die Bezeichnung „Priölke"
galt ursprünglich für das spätere
„Kaiserzimmer" und heutige
„Senatszimmer" des Ratskellers.

3 **Die Priölke** wo „Tür zu" nich sein soll

und so bei Bismarck rum wurde das Hanseatenkreuz aufn Markt gepflastert.

Weil nämlich unsere Bremer Jungs den Napoleon so schön besiegt hatten

– zwar nicht ganz alleine, aber ümmerhin.

Und nachher nahm denn auch der deutsche Seenotverein das Hanseatenkreuz inne Flagge.

Weil nämlich unsere Bremer Jungs den Schiffbrüchigen ümmer so schön das Leben retten

– zwar auch nicht ganz alleine, aber ümmerhin.

Hanseatenkreuz: Schmuckpflasterung von 1865 in der Mitte des Marktplatzes. Zum Andenken an die Taten der „Hanseatischen Legion" in den Befreiungskriegen gegen Napoleon. Hanseatenkreuz in der Formgebung angelehnt an das Kreuz des Deutschen Ritterordens. In Erinnerung daran, dass viele Kreuzritter auf Bremer Schiffen ins Heilige Land gebracht wurden. Wurde auch zum Abzeichen der in Bremen beheimateten „Deutschen Gesellschaft zur Rettung Schiffbrüchiger".

4 **Das Hanseatenkreuz** wo es eine Ehre is

und der Schütting is das Haus der Kaufleute. Und davor steht die Kaufmannstreppe.
Und von der Kaufmannstreppe kuckt der Kaufmann ümmer zum Rathaus rüber und speckuliert,
ob es für ihn da gut läuft oder nich.
Und wenn nich, dann sind es ja nur n paar Schritte übern Maakt, und schon is einer
ausm Schütting im Rathaus oder einer ausm Rathaus im Schütting, und fertich is die Polletik.
Heute aber nich mehr so fix wie früher.
Denn heute gehen wir kleinen Leute dazwüschen und zeigen denen aufm Pappschild,
wo der Hammer hängt.

Kaufmannstreppe:
Volkstümliche Bezeichnung
für die zweiseitig begehbare
Treppenpyramide (erbaut 1898)
vor dem Portal des Schütting.

Schütting:
Grundbau 1537–1538. Im
sehr bewussten Gegenüber zum
Rathaus. Als Gildehaus der
bremischen Kaufleute. Heute
Sitz der Handelskammer.
Sinnspruch über dem Portal:
„buten un binnen – wagen un
winnen" („draußen und drinnen
– abwägen und gewinnen").

Der Name „Schütting"
ist abgeleitet von „schossen"
(„Aufbringen von Steuern").

5 **Die Kaufmannstreppe** wo einer gleich ins Rathaus läuft

und wenn du inner Baumwollbörse nach oben kuckst, dann siehst du Kunst.

Und da gehört se auch hin, weil Kunst ja was Höheres is. Und da siehst du dann gleich, was fürn Paradies die Schwarzen damals aufer Baumwollplantaasche hattn. Denn du siehst da kein, der aabeiten muss. Aber, falls doch mal einer zum Aabeiten vorbeikommen sollte, hat er da gleich ne schicke Sitzbank überm Steinlöwe, und darüber denn noch n Engel, der am Flügel steht.

Und von som Aabeitsplatz kann einer natürlich nur träumen. Und wenn du wieder rauskommst ausser Baumwollbörse, dann siehst du da oben n paar schwarze Mädels mit Obst drauf.

Und den Mädels da oben geht es prima, und dem Engel da oben geht es auch prima, überhaupt allen da oben geht es prima, die mitter Baumwolle hoch gekommen sind.

Was natürlich hohe Kunst is, was mir klar is. Aber was mir zu hoch is, das is, warum die Schwarzen denn ausgerechnet in ihrem Paradies aufer Baumwollplantaasche so traurige Negermusik erfunden haben wie Bluhs und Sohl.

Baumwollmosaik: Volkstümliche Bezeichnung der Mosaiken von Puhl und Wagner im Eingang der Baumwollbörse.

Baumwollbörse: 1872 als Institution gegründet und 1886 in den Status einer nationalen Börse erhoben. 1900–1902 Bau des Gebäudes. Umbau 1922. Im Zweiten Weltkrieg Zerstörung des hohen Börsenturms, der auf dem „Baumwollmosaik" noch abgebildet ist.

6 **Das Baumwollmosaik** wo nich alles zusammenpasst

und dass wir heute den Bürgerpark haben und die Bürgerweide, wo ümmer der Freimarkt is,
das kommt ausm Middelalter und hängt mit der alten Gräfin Emma zusammen.
Denn die mochte uns Bremer und hat eines Tages gesaacht, das hört mir nun aber auf,
dass die Bremer nich satt werden, weil die keine Weide für ihr Vieh finden.
Ich schenk denen djezz als Bürgerweide n schönes Stück Land, und das Land soll so groß sein,
wie einer am Tag umzulaufen kann. Aber da war nun ein Erbneffe von Emma,
ein Aas war das, der saachte, ich such den aber aus, der da umzuläuft.
Und sucht sich einen Krüppel aus, einen ganz aamen Kerl, beide Beine ab, der konnte nur kriechen.
Aber der tapfere Kerl is gleich morgens los und zog sich mit den Händen ümmer weiter.
Und die Leute saachten, das kannscha nich mit ansehn, und saachten, Meingott, hör auf.
Nee, saacht der, lass man, ich kann noch, und zog sich weiter.
Und am Abend, als die Sonne unterging, war er um den ganzen Bürgerpark umzu und
auch um die ganze Bürgerweide umzu. Und das war natürlich sagenhaft. Und dass das keiner vergisst,
was der für uns gemacht hat, dafür hat er ein Denkmal gekricht, unten an unserm Roland.
Weil dann gleich zwei große Bremer zusammen sind.

Krüppel:
Volkstümliche Bezeichnung für das Sandsteinrelief zwischen den Füßen des Roland. Nach kunsthistorischer Auffassung: Darstellung eines Enthaupteten. Nach Laienmeinung: Darstellung des Krüppels aus einer Sage über die Schenkung der Bürgerweide im Jahre 1032.

Roland:
1404 Errichtung. Als Sinnbild für die Befreiung Bremens von der Bevormundung durch den Erzbischof. Daher: Demonstrative Blickrichtung des Rolands zum Dom. 1512 Anfügung eines Schilds mit dem doppelköpfigen Reichsadler.

So die Unabhängigkeit vom Erzbischof betonend.
Dies zusätzlich auch durch den Spruch auf dem Schild:
„Freiheit offenbare ich euch ...“

7 **Der Krüppel** wo einer sagenhaft was geleistet hat

und die Musik spielt sich bei uns ja heute meist bloß inner Fußgängerzone ab und is so denn natürlich nur Parterre. Oben vom Dom kommt heute dschedenfalls nur noch sonntachmorgens mal n Tut, damit die Leute wissen, wenn die Kirche aus is. Früher krichte man von oben öfter was zu hören.
Meingott, war das herrlich, wenn da vom Turm die ganze Blasmusik aufe Stadt runnerkam.
Auch der Franz Schütte, der hatte da seinen Spaß an.
Und darum hat er für den Brunnen beim Dom nachher eine Runde Bläserfiguren spendiert.
Wobei: Der Schütte, der hatte es natürlich. Der hat in Petroleum gemacht, und das lief wie der Deubel.
Aber er hat den Bremern eben von seim Reibach auch gerne mal ein ausgegeben.
Denn die Trompeter hädder sich ja auch in sein Gaaten stellen könn, nee, hadder aber nich, nee,
da sollten alle was von haam.

Turmbläser:
Bronzeplastik auf dem Brunnen an der Südseite des Doms. Anspielung auf den Brauch, sonntags von einem Domturm Choräle blasen zu lassen. Gestaltet als Aufsatz für die Brunnenfassung einer nahegelegenen, als heilkräftig angesehenen Quelle.

Gestiftet vom Bremer Kaufmann und Mäzen Franz Schütte. Entworfen von dem Berliner Bildhauer Max Dennert. 1899 aufgestellt.

8 **Die Turmbläser** wo ümmer ein Tut kam

und wenn in Bremen einer 30 wird und is noch nich verheiratet,
dann isser dran und muss zum Dom.
Und wenn er n Mann is, dann musser die Domtreppen fegen
– und zwar so lange, bis ihn eine Jungfrau küsst.
Aber das kann natürlich dauern.
Und wenn ne Frau mit 30 noch Frollein is, dann musse anner Domtür die Löwen putzen
– und zwar so lange, bis ihr ein lediger Herr n Süßen aufdrückt.
Aber das geht oft ganz fix.
Weil: Plötzlich sind alle Herren ledig – was einklich nich korrekt is,
aber mach da mal was dran.

Brautlöwen:
Volkstümliche Bezeichnung der
bronzenen Türzieher in Form
von Löwenköpfen an den
beiden Hauptportalen des
Doms. Nur der Löwenkopf am
rechten Türflügel des rechten
Portals ist noch ein Original
aus dem 13. Jh.

Dom:
1041 Baubeginn. Im 13. Jh. Bau
von Türmen. 1522 Einführung
der Reformation in Bremen.
Damit Abbruch der Bautätigkeit
und weitgehender Verzicht auf
Nutzung des Doms. Im 17. Jh.
wachsende Baufälligkeit.
Durchgreifende Renovierungen
erst um 1900.

9 **Der Brautlöwe** wo das Frollein mit 30 an putzt

und der Bremer Schlüssel is nämlich von Hause aus
der Schlüssel von Petrus und war das Abzeichen vom Bremer Erzbischof.
Aber sogar unser Lehrer hatte da keine Ahnung von und
hat uns gesaacht, Kinners, hatter gesaacht, der Bremer Schlüssel,
das is der Schlüssel zur Welt, und den brauchen wir
für Ümport-Export, und wenn wir den nich hätten, dann wärn wir
so aam wie die Kirchenmaus im Dom.

Kirchenmaus:
Sandsteinrelief im östlichen
Hochchor am Portal rechts an
der hellen Säule links (oberste
Treppenstufe). Anspielung
auf die Redensart „arm wie eine
Kirchenmaus". Auch Hinweis
darauf, dass Mäuse in einer
Kirche sicher waren. Weil
Katzen dort vertrieben wurden.

Dom:
Innengestaltung vor allem
in Stilformen von der Früh-
romanik bis zur Spätgotik.
Um 1280 Gewölbe im Ostchor.
Von 1503–1522 Bau des
Netzgewölbes des nördlichen
Seitenschiffs. Kanzel von 1638.
Ein Geschenk der Königin
Christine von Schweden.

Die Kirchenmaus wo man uns mit bange macht

und ganz dichte beim Brauttor, genau da, wo der Stein
mit dem Kreuz drin eingepflastert is, genau da ging es bei uns
vor knapp 200 Jaan hinrichtungsmäßig nochmal richtich zur Sache.
Und da war unsere Gesche Gottfried anne Reihe.
Weil die so nach und nach 16 Verwandte vergiftet hat,
ümmer mit ner kleinen Prise Arsen im Essen.
Und seitdem spuckt n anständiger Bremer bei Wege längs
mal schnell hier aufn Stein rauf und saacht denn in dieser Form,
nee, Gesche, saacht er, die Verwandten alle gleich umbringen,
nee, Gesche, das geht zu weit.

Spuckstein:
Volkstümliche Bezeichnung
für die Sonderpflasterung im
Domshof, in der Nähe des
Brauttores an der Nordseite des
Doms. Erinnerung an die
letzte öffentliche Hinrichtung
in Bremen. Enthauptung der
Giftmörderin Gesche Gottfried
am 17. April 1831.

In der Zeit des Nationalsozialis-
mus Entfernung des Spucksteins
durch Bremer Faschisten.
Um so den Antifaschisten zu-
vorzukommen, welche die
Markierung des Steins in ein
Hakenkreuz umwandeln
wollten, um das Hakenkreuz
bespucken zu lassen.

11 **Der Spuckstein** wo zuletz unsere Gesche dran war

und die alten Griechen haben „Poseidon" auf ihn gesaacht, und die alten Römer „Neptun".
Aber einklich isses ümmer derselbe, nämlich ein Spezialgott für die See.
Und weil wir Bremer ja vonner See leben, kam uns so ein Gott natürlich wie gerufen.
Und deswegen steht er nich nur oben aufer Handelskammer oder unten aufm Domshof,
sondern auch im Telefonbuch. Da hört das überhaupt nich mehr auf mit Poseidon und Neptun
– ümmer als Firmenname von Firmen, die was mitter christlichen Seefahrt zu tun haben.
Wobei Poseidon und Neptun natürlich mitter christlichen Seefahrt überhaupt nix am Hut hatten.
Weil es das Christliche ja seinerzeit noch gaa nich gab.
Aber n büschen spielt das Christliche bei Poseidon und Neptun vielleicht doch schon mit rein.
Denn die beiden hatten Pferde, die übers Wasser laufen konnten
– genau wie Dschesus.

Wasserpferd:
Detail am „Neptun-Brunnen"
(Bronze) auf dem Domshof.
Geschaffen vom Bremer
Bildhauer Waldemar Otto.
Aufgestellt 1991.

Das Wasserpferd wo Neptun mit auf Trab kommt

und wer heute übern Liebfrauenkirchhof läuft,
der hat meist nix Höheres im Sinn als Bratwurst essen oder Blumen kaufen
und kuckt denn natürlich auch nich aufn Kirchturm rauf.
Wo draußen ne lüttje Bimmel an is: die „Fiefenglocke". Und die heißt so,
weil „fief" plattdeutsch für „fünf" is und weil die
sonntachmorgens um fünf gebimmelt hat. Wo dann die kleinen Leute
von den großen Herrn schon ab sind inne Kirche
und waren so früh bei ihrer Herrschaft zurück, dass sie denen
noch lecker Frühstück machen konnten, bevor die Herrschaft dann um zehn
selbst n büschen beten gegangen is.

Fiefenglocke:
Volkstümliche Bezeichnung
für die kleine Außenglocke
am Turmdach der Kirche
„Unser Lieben Frauen"
(„Liebfrauenkirche").

Liebfrauenkirche:
Im 12. Jh. Grundanlage der
Kirche. Zu dieser Zeit auch
Bau der Krypta und des roma-
nischen Südturms. Um 1220
ersetzt durch eine frühgotische
Hallenkirche. Bauliche
Erweiterungen im 14. Jh.
Starke Restaurierungen im
späten 19. Jh.

Dabei Einfügung romanisieren-
der Elemente (u.a. Fensterrose
und Hauptportal) in die
zum Teil noch rein romanische
Westfassade.
War bis 1918 Garnisonkirche.
Noch erkennbar an der
„Gefallenenkapelle" und am
„Moltke-Denkmal".

Die Fiefenglocke wo es nich für alle bimmelt

und damit sich nich ümmer bloß die Vögel einen zwitschern können, gibt der Bremer
jedem Vieh gerne einen aus. Dafür stehen extra Brunnen inner Stadt.
Wo oben ne Tasse Wasser füre Vögel in is, inner Midde ne reelle Wanne voll füre Pferde
und unten noch ne Schüssel für Hasso.
Denn, was n richtiger Bremer is, der kann es nich ab, wenn einer Durst hat. Was davon kommt,
dass der Bremer schon ewig umme ganze Welt segelt. Und wenn einer da nix
gegen Durst dabei hat, dann is natürlich SOS und dreht der durch. Und so denkt der Bremer
denn schon ausser Seenot heraus ümmerzu an Getränke und macht sich auch
gerne welche, und die werden prima, und nun wollnse inner ganzen Welt unsern Kaffe, unsern Korn
und unser Bier – vor allem unser Bier. Aber ich soll nich sagen,
wie der Name von dem Bier is, was aber auch nich nötig is, weil sowieso dscheder weiß,
dasses Beck's is.

Tierbrunnen:
Gusseiserne Tränke für Tiere am
Anfang der Sögestraße. Gleiche
Tränken auf dem Neuen
Markt in der Neustadt und
beim Goetheplatz. Verbliebene
Beispiele für viele frühere,
gleichartige Tränken. Die aber
fast alle während des Zweiten
Weltkriegs für die Rüstung
eingeschmolzen wurden.

14 **Der Tierbrunnen** wo einer gezwitschert wird

und einmal wollten die Herren vom Rathaus an einer Kreuzung eine Toledde bauen.

Den Anwohnern passte das aber nich, und die liefen Sturm gegen die Toledde,

und hintenrum auch Herr Gildemeister. Der war sehr gut sitewiert und saachte dem Rathaus:

Wenn die Toledde vom Tisch kommt, spendier ich für die Kreuzung

als Kunst einen prima alten Griechen. Wodurch das Zentauerndenkmal entstand.

Was kein Einzelfall is.

Denn der Bremer hat ne feine Nase, und was er aufn Dood nich abkann, is Stinke.

Und dass es gaa nich eers dazu kommt, da tut er auch seit Jahrhunnerten werweißwas für.

Die alte Handwerkskammer zum Beispiel, die hat n Eingang mit Ecken,

und unten übere Ecken is n kleines Dach überwech.

Aber inne Ecke, wo unten n kleines Dach überwech is, da kann sich kein Herr fix mal

eben reinstellen und n büschen püschern.

Schürze:
Volkstümliche Bezeichnung für den Schutz gegen Urinierungen am Portal des Gewerbehauses.

Gewerbehaus:
1619 erbaut. Als Festhaus der Gewandschneider und Tuchhändler. Heute Sitz der Handwerkskammer. Früher Nutzung des Gebäudes auch zur Beherbergung von Staatsgästen. Dabei 1764 Herberge für Zar Peter den Großen von Russland.

Centaurenbrunnen:
1891 vom Bremer Kaufmann Heinrich Gildemeister der Stadt geschenkt. Entworfen von Eduard Gildemeister. Um 1960 vom Vorderen Schwachhausen zum Leibnizplatz umgesetzt, um den Mangel an Denkmälern in der Neustadt beheben zu helfen.

15 **Die Schürze** wo keiner inne Ecke kann

und in Bremen kricht einer für seine guten Taten keine protzige Orden,

sondern nur ne praktische Flasche Wein.

Das war schon ümmer so und is Bremer Aat. Denn der Bremer protzt nich und is praktisch.

Wenn der Bremer doch protzt, protzt er inner Wohnung,

wo es aber praktisch kein Protz is, sondern privat. Und das war auch schon ümmer so.

Vor 300 Jahrn hat einer mal inner Langenstraße

in dem Malerladen gewohnt und sich damals einrichtungsmäßig alles gegönnt,

was es überhaupt so gab.

Wenn du da heute deine Rauhfaser kaufst, dann denkst du, du bist bei Sissi im Salong.

Wobei aber auch das Praktische vom Bremer

damals schon durchkam. Denn das Tuch überm Geländer, das is aus Holz – und

n Holztuch hält natürlich ewig.

Holztuch:
Volkstümliche Bezeichnung für
den aus dem 17. Jh. stammen-
den Treppenschmuck im
Haus Langenstraße 28.
Das „Holztuch" ist Teil einer
vollständig erhaltenen,
zweigliedrigen Treppenanlage
im Barockstil, der einzigen ihrer
Art in Bremen.

Haus Langenstraße 28:
Um 1620 mit einer Knorpel-
werkfront im Stil der Weserrenaissance erbaut.
Im 18. Jh. dann Umgestaltung:
Aufbringen eines Rokokogiebels
und Bau von Ausluchten in
den drei unteren Geschossen.

Das Holztuch wo es praktisch nich protzt

und anner Schlachte, an der alten Hafenmauer, da sind Ringe, als Festmacher für die Schiffe.

Und bei manchem Ring merkst du gaa nich, dasses n Ring is, weil der schon ab is.

Was aber nich schlimm is. Weil da sowieso kein Schiff mehr an festmachen will, schon lange nich.

Denn n Schiff braucht ümmer ne Handbreit Wasser unterm Kiel, sonst isses aus.

Und als die Schiffe vor gut hunnert Jahrn ümmer größer wurden,

passte anner Schlachte keine Hand mehr drunter, und da war es aus. Und der Bremer

kuckte anner Schlachte aufe leeren Ringe und dachte, was nu?

Weswegen es n Glück war, dass im Rathaus plötzlich einer mal ne Idee hatte und saachte,

das nützt ja nun alles nix, denn müssen wir eben weiter unten nen neuen Hafen bauen,

aber auch n paar Kurven ausser Weser rausnehmen und ümmer schön Sand ausser Weser buddeln.

Damit wir hier aufe Dauer reell Tiefgang kriegen.

Sonst isses nämlich auch für den neuen Hafen bald wieder aus – aber diesmal dann

für Bremen gleich mit.

Festmacher:
Reste alter Hafenanlagen an der „Schlachte".

Schlachte:
Alter Bremer Hafen. Wo seit 1250 am Fuß der Bremer Düne Schiffe be- und entladen (ausge„schlachtet") wurden. Bis im 19. Jh. die Versandung der Weser und die größer werdenden Schiffe die Schlachte als Hafenplatz unbrauchbar werden ließen. Die Mauer mit den Festmacherringen war unmittelbare Anlegestelle. Die heute davor laufende Uferpromenade ist ein Ergebnis des Zweiten Weltkriegs. Bremen war bis zu 80 Prozent zerstört. Zwischen Altem Wall und Stephanikirche wurden ca. 500 000 Kubikmeter Schutt in die Weser geschüttet.

17 **Der Festmacher** wo der Ring schon längst ab is

und du findest inner Zitti kein Pflaster, was so alt is wie das vom Ulenstein.

Wo früher ümmer schwer was los war.

Weil Ulen nämlich keine plattdeutschen Eulen sind, sondern Schüsseln und Pötte aus Ton.

Und die wurden vonner Oberweser zur Schlachte runtergeschippert

und dann am Ulenstein verhökert – in netter Form. Weil da sone Aat Kajenmarkt war,

wo du ümmer n guten Schluck kriegen konntest und n Happen zu essen.

Zum Beispiel Brot mit gestreiftem Speck.

Wodurch vielleicht die Speckflagge entstanden is. Oder auch nich.

Und die einen sagen so, und die annern sagen so. Und „was dem einen sin Ul is,

is dem annern sin Nachtigall".

Ulenstein:
Alte Stichstraße zum Hafen,
d.h. zur „Schlachte". Die Pforte
am Ende des Ulenstein war
nur während der Arbeitszeit
geöffnet. Bei der Pforte wohnte
der „Portensluter", der für das
korrekte Öffnen und Schließen
der Pforte verantwortlich war.

18 **Der Ulenstein** wo die Zitti steinalt is

und Haus Nummer 13 inner Langenstraße heißt Stadtwaage. Und da is ne Goldwaage an, weil hier im Middelalter das Wiegeamt drinne war.

Wo aber natürlich nich alles aufe Goldwaage geleecht wurde. Schon, weil man sich kannte, und eine Hand wäscht die annere. Wodurch der Bremer denn sauber

Geschäfte machte und das Bremer Wiegeamt mehr sone Aat Bremer Lagerhaus wurde.

Mit prima Zittilage und ganz dichte beim Hafen anner Schlachte.

Wo es brummte. Bis gut vor hunnert Jaan. Da war der Hafen anner Schlachte inne Binsen und der neue Hafen in Gröpelingen. Wodurch alles anners wurde –

nich nur das Bremer Lagerhaus inner Langenstraße, sonnern die ganze Bremer Gesellschaft, wo dann die Bremer Lagerhaus-Gesellschaft bei rauskam.

Was ein Glück is. Weil das die Firma is, die uns heute den Hafen schmeißt, aber weltweit.

Die wissen bei dschedem Kontehner ganz genau, wo der herkommt und wohin mit den Bananen, aber ruckzuck, und meist alles auf Englisch. Nun brummt Bremen wieder.

Und inner Langenstraße is sogar die Goldwaage wieder in Betrieb.

Denn inner Nummer 13 inner Langenstraße is heute die Sparkasse drinne, und die kann natürlich nich ohne Goldwaage, weil die Herren ja glauben müssen,

dass ich mein Kredit zurückzahl.

Goldwaage:
Fassadenschmuck an der Front des Hauses „Stadtwaage" (Langenstraße 13).

Stadtwaage:
Bau des Hauses 1586–1588 durch (wahrscheinlich) Lüder von Bentheim. Konstruiert als Packhaus (große durchgehende Räume in sieben Stockwerken; starke Stützen und Balkendecken zur Lagerung schwergewichtiger Waren). Einstellung des Packhaus-

betriebs 1877, nach dem Bau neuer Häfen (fern von der „Stadtwaage"). Fast vollständige Kriegszerstörung des Hauses 1944. 1959–1961 Wiederaufbau.

19 **Die Goldwaage** wo nich viel draufgeleecht wurde

und damit die Schweine ihr Fett krichten,
wurden die früher ausse Stadt aufe Bürgerweide gebracht.
Und aufm Weg dahin
mussten sie ümmer durch das Herdentor.
Was damals auch kein Problem war.
Aber heute is das Herdentor ümmer dicht.
Heute kommt da kein Schwein mehr durch, dschedenfalls
nich mit Auto.

Schweine:
Volkstümliche Bezeichnung der Bronzefiguren am Ende der Sögestraße. 1974 aufgestellt. Entworfen von Peter Lehmann. Gestiftet von den Geschäftsleuten der Sögestraße, als die Straße zur Fußgängerzone wurde. Erinnerung daran, dass die Bremer Bürger ihre „Söge" (plattdeutsch für „Säue") vor dem Weidegang hier zusammentrieben. Außerhalb der Weidezeit Schweinehaltung auf den Bremer Straßen. Besonders auf der Sögestraße, in deren direkter Nachbarschaft die Fleischer ihr Handwerk ausübten: in der „Knochenhauer"straße.

Die Schweine wo die ihr Fett krichten

und die Mühle am Wall, die heute alleinstehend is,
die hatte früher nebenan noch drei annere.
Aber so bei Kaiser Willem kamen Windmühlen ausser Mode.
Weil es elektrisch natürlich schneller ging.
Und dann mussten die Windmühlen dran glauben.
Zum Schluss die Doventorsmühle.
Aber davon hamse ümmerhin den Mahlstein dagelassen.
Und so, wie der aussieht, denkst du „aha, Steinzeit".
Aber das ist noch gaa nich lange her, da war das Ding modern,
und da ging das rund damit.

Mühlstein:
Am Ende der Wallanlagen beim
Doventor. Erinnerung an die
Doventorsmühle, die 1943 im
Krieg zerstört wurde. Die
Doventorsmühle war eine von
vier Windmühlen in den
Wallanlagen auf der Bremer
Altstadtseite. Weitere Mühlen in
den Wallanlagen der Neustadt.

21 **Der Mühlstein** wo es bei Kaiser Willem noch rund ging

und wenn inne Wallanlagen einer flachliegt, dann isser gesund.

Wenn im Krankenhaus einer flachliegt, dann heute aber manchmal auch.

Weil da heute auch ümmer n büschen Platz für Simmelanten is.

Was früher ja anners war. Weil es kaum Krankenhäuser gab, und da waren
denn natürlich die Betten alle schnell voll, und passte kein Simmelant mehr rein.

Aber es wäre noch schlimmer gekommen,

wenn nich zum Freimarkt ümmer n paar Ochsen versteigert worden wären.

Als Bennefitz für das kleine Kloster-Krankenhaus.

Damit die da ümmer mal n paar Betten zukaufen konnten.

Und als Denkmal sind die Bennefitz-Ochsen heute aufer Vase im Wall.

Und da können die Simmelanten mal schön an sehen,

wasse fürn dickes Fell haben.

Ochsenvase:
Volkstümliche Bezeichnung der
drei Meter hohen Vase am
Herdentor in den Wallanlagen.
1856 geschaffen von dem Bremer Bildhauer Carl Steinhäuser.
Darstellung des „Klosterochsen-
umzugs" mit den drei Ochsen
„Brut", „Brögam" und „Hus-
mamsell". Erinnerung an die
jährliche Versteigerung von
Ochsen zugunsten des Kranken-
hauses, das aus dem „St. Johannis-
Kloster" hervorgegangen war.

Die Ochsenvase wo es sich um die Betten dreht

und die Firma Nordwolle ließ sich mal n Geschäftshaus bauen. Ganz doll – alles vom Feinsten.

Außen schick Sandstein, innen fein Marmor und handgeblasene Lampen

und anner Treppe ne Goldmarie. Wobei sich aber rausstellte, dasses ne Pechmarie war.

Weil: Als die Goldmarie gerade fertich war, und das Haus auch, da ging

die Nordwolle pleite und krachte die Firma zusammen.

Und nun war die Frage, wohin mit dem Haus. Und da saachte der deutsche Staat,

der damals noch Reich war, ich übernehm das Haus. Weswegen es seitdem „Haus des Reichs" heißt.

Heute is da das Finanzamt drinne.

Weswegen da nun jeder aam werden kann. Nich nur ne große Firma, sondern du auch.

Einem is da auch schon wieder alles zusammengekracht. Das is der Künstler mit seinem

Denkmal vorm Eingang.

Goldmarie:
Volkstümliche Bezeichnung der Frauen-Skulptur aus Messing am Treppenaufgang im Eingangsbereich des „Haus des Reichs".

Haus des Reichs:
1928/29 erbaut für die „Norddeutsche Wollkämmerei und Kammgarnspinnerei", später „Nordwolle". Nach dem Konkurs der Firma 1933 an das Deutsche Reich veräußert. Vor dem Eingang des seitdem „Haus des Reichs" genannten Gebäudekomplexes ein um

1990 entstandenes Skulpturen-Ensemble (Vanga/Granit/Stahl) von Hawoli.

23 **Die Goldmarie** wo der deutsche Staat noch Reich war

und unser Paster, der es natürlich wieder ausser Bibel hatte, hat gesaacht:

Ein Kamel passt nich durchs Nadelöhr.

Und ich dachte, Meingott, schiebt der Klugheit, wär ich nie drauf gekommen. Weil ich dachte, der meint das lüttje Loch oben inner Nähnadel. Was aber falsch war.

Weil: „Nadel" is n Begriff ausm middelalterlichen Straßenbau, und das is n schmaler Weech neben dem Stadttor, wo einer gegen Eintrittsgeld noch durchkam, wenn schon zu war.

Und der Bischof hat sich ne Extranadel bauen lassen, die Bischofsnadel. Damit er n geheimen Hinterausgang hatte, wo er ümmer, wenn er gerade Lust hatte, rein- und rauskam.

Aber dann kam Luther, und der Bischof kam zwar noch raus, aber nich mehr rein. Weil der Bischof noch katholisch war, aber der Bremer schon evangelisch.

Und so krichte es der Bischof auch längst nich mehr mit, wie sein Bischofstor um Napoleon rum schön neu gemacht wurde, mit nem schicken Gitter und nem prima Wachhaus.

Wo du heute frische Brötchen krichst. Egal, ob du katholisch bist oder evangelisch oder gaa nix.

Früsche Brötchen für alle – das is Demokratie.

Bischofstor:
Endpunkt der 1274 erstmals urkundlich erwähnten „Bischofsnadel", ein Auslass aus der Stadtmauer, der ausschließlich dem Bischof und seinem Hofstaat vorbehalten war. 1522, als die Reformation in Bremen zum Zuge kommt, wird die Bischofsnadel durch den Bau des Walles unbrauchbar gemacht. Bis 1814 die Wallanlagen wieder entfernt werden und eine Brücke über den Stadtgraben gelegt wird, an deren Ende das heutige Bischofstor gestellt wird.

24 **Das Bischofstor** wo man reinging, wenn schon zu war

und der Rosselenker konnte das Bremer Wetter nich ab und rostete ümmer wie verrückt.
Und der wär bestimmt schon längst riezeikelt, wenn dem unsere
Bremer Raumfahrtleute nich noch ganz raffiniert untere Arme gegriffen hätten.
Wodurch er djezz aber so wetterfest is, dass man ihn auch aufn Mond schicken könnte.
Wo viele Bremer ihn schon vor hunnert Jahrn haben wollten.
Denn, weil der kein Feigenblatt davor hat, wollten viele Bremer den Rosselenker damals
nich mal für geschenkt. Das is nämlich so, haam die gesaacht,
wenn einer n griechischer Gott is oder die Freiheit oder die Morgenröte, dann isser
ohne Blatt bekannt, und dann kanner vielleicht gaa nich anners,
und dann issas Kunst – aber n Kerl wie du und ich mit nix an, das is keine Kunst,
das is n Schkandal.

Rosselenker:
Bronzeplastik von Louis
Touaillon in den Wallanlagen
am Fuß des alten Theaterberges.
Auf der Weltausstellung in
Paris 1896 vom Bremer Kaufmann Franz Schütte entdeckt,
gekauft und Bremen zum
Geschenk gemacht. Nach langen Diskussionen über die
moralische Zulässigkeit von
Nacktheit in öffentlicher Kunst
erst 1901 aufgestellt. Seitdem
dauernde Sanierungsarbeiten der
Plastik wegen ihres stark eisen-
haltigen Gusses. 1980 witte-
rungsbeständiger Neuguss durch
die Hilfe des Bremer Raumfahrt-
unternehmens Daimler Benz
Aerospace AG (ehemals ERNO).

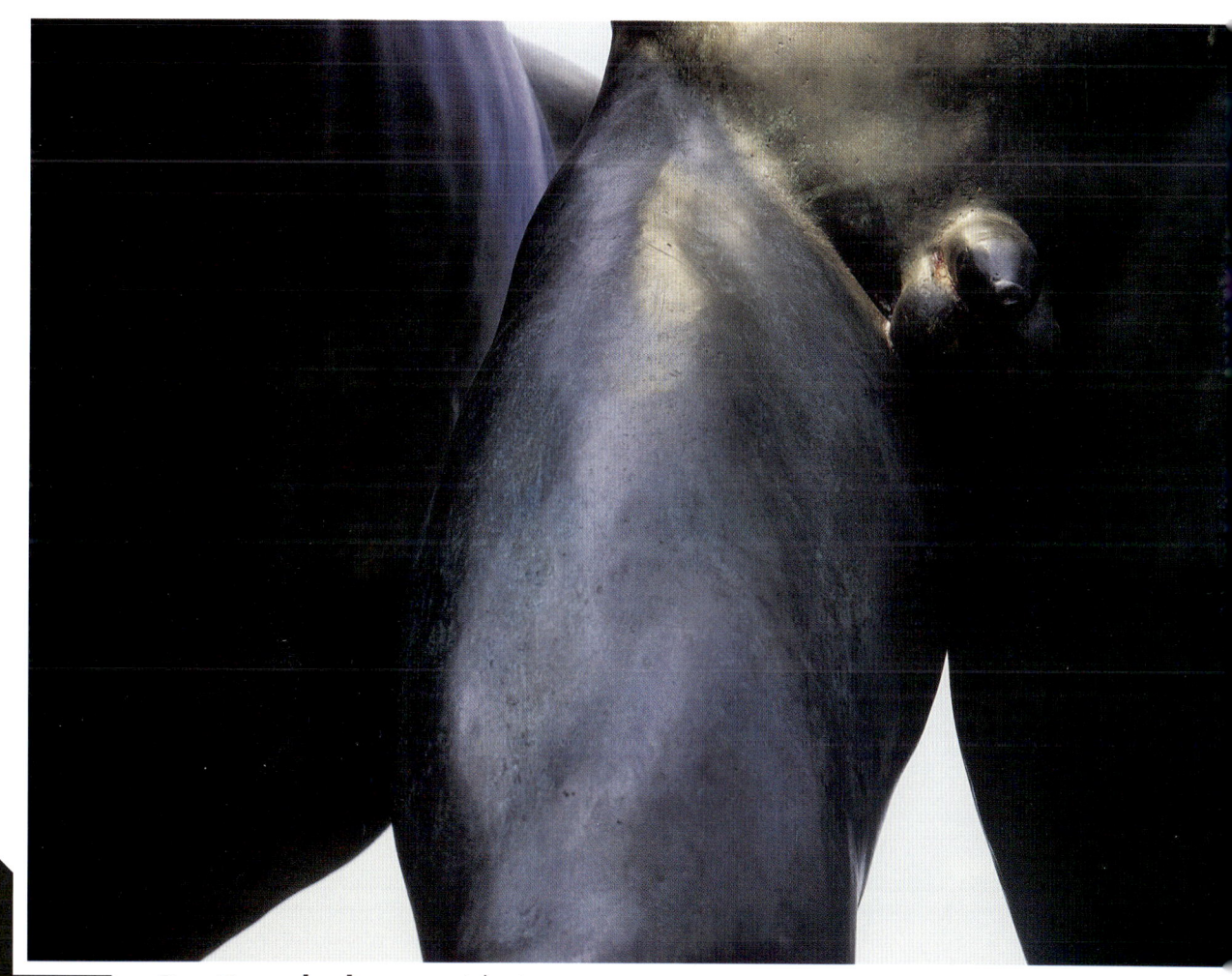

Der Rosselenker wo sich einer an stört

und wie weitblickend, das der Bremer früher war, siehst du anne Fernrohre:
Willem Olbers inne Wallanlagen hat eins, und Fritze Bessel aufm Hanseatenhof hat auch eins.
Und die waren Freunde und haam sich Tipps gegeben, zum Beispiel, wo n prima Comet is
und wie weit wech. Und die haam das dann auch alles spitz durchgerechnet, und die ganze Welt staunte.
Aber heute is der Bremer ja kein richtigen Weitblicker mehr und pütschert mehr so vor sich hin.
Denn im Rathaus geht das ja ümmer nur kleinklein, und die bekannteste Schiffahrtslinie
is die Sielwallfähre, und n Comet sucht einer nur noch beim Einkaufen. Und statt ins Fernrohr
kuckt der Bremer denn natürlich inne Röhre.

Olbers:
Volkstümliche Kurzform für das Marmor-Standbild von Wilhelm Olbers in den Wallanlagen in der Nähe von Kunsthalle und Wagenfeld-Museum.
1850 geschaffen vom Bremer Bildhauer Carl Steinhäuser. Olbers (1758–1840), Arzt und Astronom in Bremen. Verfasste eine wichtige Arbeit über die Berechnung von Kometenbahnen. Entdeckte insgesamt acht Kometen. Vier Reliefs im Sockel des Standbilds schildern sein Leben.

Friedrich Wilhelm Bessel (1784–1846), dessen Denkmal auf dem Hanseatenhof steht, wandelte sich durch die Freundschaft mit Olbers vom kaufmännischen Angestellten zum Astronomen. Wurde schließlich von Bremen als Professor für Astronomie nach Königsberg berufen.

Der Olbers wo man inne Röhre kuckt

und ein Körner-Denkmal, das passt hier ja heute fast besser hin als früher.

Wegen Sesamkörner und Vollkorn.

Denn hier inner Ecke entstand der Bremer Bio-Mensch mit den ganzen Haferflocken und dem gelben Sack.

Aber ein Körner-Denkmal, das passt hier natürlich auch sonst. Weil:

Der Theodor Körner, das war n richtiger Brausekopp,

ümmer midder Kunst und der Freiheit zugange, und von soner Körner-Aat ischa djezz das ganze Viertel.

Körner:
Volkstümliche Kurzform für die Bronzeplastik auf dem Platz am Körnerwall. 1865 geschaffen von Johann A. Denys. Im Auftrag des Bremer Bauunternehmers Oldehoff, der dem von ihm bebauten Platz einen zentralen Blickfang geben wollte.

Theodor Körner (1791–1813) war Freiheitskämpfer und Dichter. Autor auch des Lustspiels „Der Vetter aus Bremen".

Der Körner wo einer seinen Standpunkt hat

und die Sielwallfähre kann natürlich nich vonner Weser runterschippern
und denn aufn Sielwall rauf oder rüber zum Dobben.
Denn da is ja gaa kein Wasser in.
Was aber neu is. Weil der Dobben früher n richtiger Weserarm war.
Aber dann hamse den zugeschmissen.
Weil es da mitter Bauerei losgehen sollte, und zwar ganz schick,
sone Aat klassezistisch. Und wer es besonders dicke hatte,
der stellte sich n paar alte Mädels aufn Balkon, Italienerinnen und Griechinnen,
aus dieser Ecke dschedenfalls.

Karyatiden:
Steinerne Frauenfiguren mit statischen Säulenfunktionen am Haus Dobben 103 und an anderen Bremer Häusern. Architektonische Zitate aus altgriechischen Tempelbauten. Modisches Dekorelement an klassizistisch-historistischen Bauten.

1861 Trockenlegung des bis dahin – als Weserarm – Wasser führenden Dobben und angrenzender Feuchtgebiete. Danach großflächige Bebauung der Ostertorvorstadt. Vorwiegend mit Reihenhäusern vom Typ „Bremer Haus". In einfacheren und aufwendigeren, z.B. durch Karyatiden

geschmückten Ausführungen. Dabei Schaffung eines starken Überangebots an Wohnraum. Folge: In den späten 1870er Jahren viele Leerstände „Bremer Häuser" und zahlreiche Konkurse in der Bauwirtschaft.

Die Karyatiden wo alte Mädels schön was halten

und im Middelalter war das hier die reinste Gruselgegend.

Hier gab es die Todesurteile, wo der Kopp ab kam.

Gleich nebenan, wo heute die Kohlhökerstraße is, da waren dann n büschen später
die Gemüsebauern zugange. Und die müssen
n dickes Fell gehabt haben, weil die ihrem Kohl ja auch ümmer den Kopp abgehaun haben.

Doch ümmer noch besser, dass Kohlköppe rolln als die richtigen.

Weil dascha auch die falschen sein können.

Nehmen wir nur mal Bürgermeister Vasmer: Der is hier vor knapp 600 Jahrn geköppt worden
– und zwar wegen einem Hochverrat, den er gaa nich aufm Kerbholz hatte.

Weswegen sein Sohn da auch beim Kaiser gegenan gegangen is und wo der Kaiser saachte,
Entschuldigung, tut mir leid.

Und darum durfte denn nachher weningstens n steinernes Kreuz
für den Bürgermeister aufgestellt werden. Was einem aber natürlich auch nix mehr nützt,
wenn der Kopp eersma ab is.

Steinernes Kreuz:
Volkstümliche Bezeichnung für
den Gedenkstein in der Straße
„Beim Steinernen Kreuz" bei
Haus Nr. 12. Zur Erinnerung
an Bremens Bürgermeister
Johann Vasmer, der an dieser
Stelle 1430 nach einem Schau-
prozess hingerichtet wurde. Der
1435 für den rehabilitierten
Vasmer errichtete Gedenkstein
zeigt sein Wappen unter dem Bild
des – ebenfalls nach einem
Schauprozess – hingerichteten
Christus.

29 **Das Steinerne Kreuz** wo nachher beim Kohl der Kopp abkam

und wenn heute einer zeigen will, was er hat,
dann lässt er sein Stern leuchten und stellt sich n schönen Wagen vore Tür. Aber früher
machte man das mehr mit Kunst am Bau.
Krischan Rosemeyer zum Beispiel, das war n Bremer Schuster, der reell was aufer Naht hatte.
Und so ließ er sich denn zwei berühmte alte Schuster nachmachen,
nämlich den Hans Sachs, der nebenbei ganz doll gedichtet hat und in Wagners „Meistersinger",
was ne schöne Oper is, die Hauptrolle spielt, und den
Hans von Sagan, der inner Freizeit als Held beim Deutschen Ritterorden mitgemacht hat.
Und da siehste ma, dass das Unsinn is mit
„Schuster, bleib bei deinem Leisten", sondern da kannste auch Dichter werden oder
Held und alles mögliche.

Hans-Sachs-Haus:
Haus Wulwesstraße Nr. 11, geschmückt mit den Figuren der Schuhmacher Hans Sachs und Hans von Sagan. Um 1870 Gestaltung der Figuren durch den Bremer Bildhauer Carl Steinhäuser. In Auftrag gegeben von Schuhmachermeister Christian Rosemeyer. Im Stolz auf die zwei berühmtesten Vertreter seines Handwerks.
1370 führte Hans von Sagan den Deutschen Ritterorden zum Sieg gegen die Litauer. Wurde dafür vom Kaiser geadelt. Das Schuhmacherhandwerk bekam gleichzeitig das ewige Privileg, den Reichsdoppeladler als Abzeichen zu führen.

Hans Sachs, Dichter, wurde 1517 Sieger eines in Nürnberg ausgetragenen Poeten-Wettstreits. In Prosaschriften und dem Gedicht „Die Wittembergisch Nachtigall" trat er später für Luther und die Reformation ein.

Das Hans-Sachs-Haus wo der Schuster es allen zeigen wollte

und wer nich ümmer vom Blitz erschlagen werden will,

saacht sich lieber „Buchen sollst du suchen, und Eichen sollst du weichen".

Und darum steht auch ne Buche im Remberti-Stift. Denn das is n Altersheim.

Und alte Leute sind ja ümmer n büschen vorsichtig und denken nach, dass nix passieren kann.

Das war schon ümmer so, auch damals, als noch Pferdekutschen modern warn

und das Remberti-Stift gebaut werden sollte. Da saachten nämlich die alten Leute dem Ahschitekt,

dass er die Mitte von der langen Einfahrt extra schön breit machen soll. Denn,

wenn ne Kutsche reingebrackert kam, fanden se natürlich so mittenmang noch ne Stelle,

wo se nich so schnell überfahren wurden. Was heute auch mit dem Auto klappt,

weil es Kutschen ja nich mehr gibt.

Kutschentor:
Einfahrt zum Remberti-Stift.
Name des Stifts in Erinnerung
an den heilig gesprochenen
Bremer Erzbischof Rembert
(865–888). Im 14. und 15. Jh.
Leprahospital, entwickelt sich
das Remberti-Stift im 16. Jh. zu
einer Einrichtung für die Unter-
bringung und Versorgung von
alten Menschen. Neubau der
Anlage 1850–1906. Deren Reno-
vierung, Modernisierung und
weitgehende bauliche Ergänzung
1971–1986.

31 **Das Kutschentor** wo man inner Mitte breiter wurde

und „Meierei" is nur n anneres Wort für „Molkerei". Und auch inner Meierei im Bürgerpark wurde früher ümmer schön gemolken, sogar ganz besonners schön.

Denn sone schicke Molkerei hatten Kühe vorher noch nie gesehn, und deswegen konnte da später auch dies nette Lokal draus werden, wo heute feine Damen Kaffe trinken.

Wobei der Bremer ja sowieso n Herz für Kühe hat.

Denn genau hunnert Jahre, nachdem der Bremer die Meierei gebaut hatte und die erste Milch im Eimer war, hat ne Bremer Firma die Kühe lila gemacht.

Für die zarteste Versuchung, seit es Schokolade gibt. Was natürlich nur Reklame is, aber auch sowieso nich stimmt.

Weil: Für die zarteste Versuchung, seit es die Welt gibt, gibs im Bürgerpark ne prima Liebeslaube.

Als Gaatenpawilljong vonner Meierei. Aber n gutes Stück wech davon.

Damit die Liebespaare da ümmer schön ihre Ruhe haben und machen können, wasse wolln, und nur die Kühe kucken zu.

Liebeslaube:
Volkstümliche Bezeichnung
des 1903 am Ostrand der
Meiereiweide errichteten
Pavillons.

Meierei:
1880 gebaut als Molkerei im
„Schweizer Stil". Vom Bremer
Architekten Heinrich Müller.
Gestiftet wurde der Bau
vom Bremer Kaufmann
Franz Schütte, der 1877
den Vorsitz des Bürgerpark-
Vereins übernommen hatte.

Die Liebeslaube wo die zarteste Versuchung is

und wenn heute einer aufer Heine-Bank sitzt und kuckt so im Park rum und denkt an nix Böses, dann denkt der natürlich schon gaa nich anne Nazis.

Aber unser Dichter Heinrich Heine, der war Jude, und bevor die Nazis die Juden ermordet haam, hamse eersma alles kaputtgemacht, was an die Juden erinnert hat.

Und da wäre irgendswann auch die Heine-Bank dran gewesen. Und das wusste auch jeder.

Aber aus Angst tat keiner was. Bis auf den alten Parkdirektor Riggers.

Der hat das Heine-Bild und die Gedenktafeln bei Nacht und Nebel abgemacht und vor den Nazis versteckt. Was sich vielleicht so anhört, als wär das nix. Aber wenn die Gestapo, die am Wall im Polizeihaus saß, wenn die den Riggers erwischt hätte, dann gude Nacht.

Heine-Bank:
Im Bürgerpark, in der Nähe von Polizei-Revier 7 (bei der Einmündung des Schwachhauser Rings in die Parkallee). 1904 aufgestellt vom „Bremer Literarischen Verein". Nach Zerstörung der schmiedeeisernen Jugendstilbank im Zweiten Weltkrieg dann 1989 Aufstellung einer neuen, anderen Bank. Daran angebracht Nachbildungen der vor den Nationalsozialisten geretteten Gedenktafeln von 1904. Die Originale befinden sich im Archiv der Parkverwaltung.

Die Heine-Bank wo einer Mut hatte

und inner Kolonjalzeit war der Bremer kein Deut besser als der Engländer oder der Franzose.
Und nich mal besser als der Hamburger. Denn, wenn Kaiser Willem mal wieder Lust
auf Gloria und Viktoria hatte und irgendswo in Afrika n Stück Land übern Schnabel nehmen wollte,
dann war der Bremer meist ümmer vornewech mit dabei. Und hat sich dafür denn hinterher
auch noch dicke Denkmäler inne Stadt gemauert. Was dem Bremer aber vor n paar Jahrn peinlich war.
Und die einen saachten, der Jumbo vorm Hermann-Böse-Gümnasium, der is nun mal da,
und wech kann er nich, aber wir machen da djezz n neues Schild dran, wo draufsteht, dass der Jumbo
ab heute nich mehr für den Kolonjalismus is, sondern dagegen.
Und die annern, die sich aber nich durchsetzen konnten, die saachten, so eimfach geht das nich,
und klar kann der Jumbo wech, und der muss auch wech, denn eers, wenn der wech is,
dann hört das auf, dass da ümmer noch welche die Viktorias von Kaiser Willem feiern. Und außerdem
kriegen wir denn zu Freimaak auch gleich gute Sicht auf die Viktorias
von Johnny Schulze.

Jumbo:
Volkstümliche Bezeichnung für das zehn Meter hohe Monument des Elefanten zwischen Hermann-Böse-Straße und Bürgerweide. Aufgestellt 1932 für die im Deutschen Kaiserreich während der Kolonialkriege gefallenen deutschen Soldaten. Erinnerung an die Bremer Beteiligung bei kolonialistischen Eroberungen in Afrika. Adolf Lüderitz, Bremer Tabakkaufmann, war 1884 Gründer der ersten deutschen Kolonie („Deutsch-Südwestafrika"). Das Monument soll heute „Mahnmal gegen den Kolonialismus" sein.

34 **Der Jumbo** wo es dem Bremer peinlich war

und schräg gegenüber vom Postlöwe, da, wo djezz die Kunsthochschule is,
da war früher ümmer das Gümnasium.
Und da lag mal ein Herr davor, der war duhn und schlief und war nich wachzukriegen.
Und da kamen zwei Pollezisten und wollten die Anzeige fertigmachen.
Und der eine schrieb auf sein Zettel:
„Es liegt eine betrunkene Herrensperson vor dem …", und dann wusste er nich weiter
und fraacht den annern: „Wie schreibt man einklich Gümnasium?",
und da saacht der: „Komm, wir legen den rüber zur Post."

Postlöwe:
Ironische Bezeichnung beson-
ders von Pennälern des ehemals
gegenüberliegenden „Alten
Gymnasiums" (heute: Hoch-
schule für Künste) für die
Giebelfigur am „Eschenhof-
portal" auf der Ostseite des
„Postamts 1" an der Domsheide
(„Hauptpost").

Eschenhofportal:
Um 1600 entstandenes Portal
eines Gebäudekomplexes,
der zeitweise im Besitz der
schwedischen Familie „Erskin"
war, offiziell „Erskenhof" hieß,
was volkstümlich zu „Eschen-
hof" verschliffen wurde.
1875 Abriss des Komplexes
(unter Schonung des Portals)

zum Zweck des Baus der dort
vorgesehenen Hauptpost Bremens.

Hauptpost:
Nach Plänen des Berliner
Architekten Karl Schwatlo
1875–1879 erbaut. Als erstes
„Kaiserliches Deutsches Postamt"
in Bremen.

35 **Der Postlöwe** wo einer umgeleecht wurde

und im Schnoor wurde mal ein Herr hoch oben inne Hauswand eingemauert.

Nur so als Denkmal. Und da steht drunter: „JACOBUS MAIOR".

Was Latein is. Was der Bremer zwar nich kann, wo er sich aber gerne bei überleecht,

was in den Wörtern so drinsteckt und ob er was rauskricht.

Und bei „JACOBUS MAIOR" krichte der Bremer raus, dass im Hinterteil ein „Major" steckt.

Aber beim „Jacobus" im Vorderteil war er mit seinem Latein am Ende.

Und machte denn eimfach nur noch kurz „Jux" aus dem „Jacobus".

Wodurch er insgesamt „Juxmajor" rauskrichte. Weswegen die Kirche böse wurde.

Weil „JACOBUS MAIOR" nämlich „Jakob, der Ältere" bedeutet, und das is einer von den Aposteln.

Wo man sich dann aber fraacht, was macht n Apostel bei uns oben inner Hauswand.

Aber die Kirche kann natürlich alles erklären: In Bremen gab es im Middelalter prima Reisebüros,

die auf Apostel-Jakob-Pilgerfahrten nach Spanien spezialisiert waren.

Das waan richtichgehende Pohschalreisen mit nette Nonnen als Hostessen vornewech,

die einem alles gezeicht haben, was es so zu kucken gab. Und an solche Zeiten,

da soll der Juxmajor dran erinnern.

Juxmajor:
Volkstümliche Bezeichnung der um 1660 geschaffenen, bemalten Holzskulptur, die 1906 in der „Wüstestätte" bei Haus Nr. 10 oben in eine Hausfassade eingelassen ist. Darstellung des Apostels Jakob in Pilgerkleidung. Vergleichbare Darstellungen des Apostels auch an

anderen Stellen in der Stadt. Weil in Bremen immer wieder wichtige Pilgerfahrten nach Santiago de Compostela in Spanien organisiert wurden. Der dem Apostel Jakob geweihte Wallfahrtsort war nach den Stätten im Heiligen Land die für Christen bedeutendste Pilgerstätte der Welt.

Apostel Jakob erlitt 44 n. Chr. den Märtyrertod, aber seine Gebeine sollen nach Santiago de Compostela gelangt sein.

36 **Der Juxmajor** wo das Latein am Ende war

und es geht da zwar heute schon bis nach Lila hin, aber richtig bunt getrieben
wirds inner Komturstraße nich. Was früher anners war, nich ganz früher, aber dann.
Denn vor gut 700 Jahrn kamen die Kreuzritter nach Bremen und machte
der Deutsche Ritterorden hier ne kleine Filiale auf.
Obendran stand als Chef der „Komtur", und der wünschte den Bremern alles Gute und
baute ein Krankenhaus, und da gab es denn auch gute Besserung.
Aber midder Zeit kamen annere Komturen, und die letzten wünschten sich eersma selps alles Gute,
haben locker einen gehoben und trieben es auch sonst ganz schön bunt.
Und dann war natürlich Schicht und wurde die Filiale dichtgemacht. Aber da, wo früher das
fromme Krankenhaus war und wovon noch ümmer die Kreuze inner Decke sind,
da isses heute fast wie beim letzten Komtur:
Du kannst locker einen heben, aber wenn du es zu bunt treibst, dann is Schicht und
schmeißt der Wirt dich raus.

Komturei:
Der während des dritten Kreuz-
zuges gegründete Deutsche
Ritterorden besaß seit etwa
1230 eine Komturei in Bremen.
Von der auch das „Heiliggeist-
hospital" unterhalten wurde.
Nach Auflösung der Komturei
im 16. Jh. ging deren Besitz
an die Stadt. Das Hospital
wurde zum Stall, das Ordens-
wohnhaus zum Münzamt, und
die der heiligen Elisabeth
geweihte Kirche wurde zum
Lagerhaus. Die gut erhaltene,
gotisch gewölbte Unterkirche ist
heute eine Gaststätte.

Die Komturei wo die Ritter ihr Kreuz hatten

und oben auf den Aakaden, da waren früher
die Zollschuppen mit der unverzollten Ware drin.
Und wenn hier heute Flohmaak is,
dann issas da fast wie damals:
Die Zollschuppen, die sind zwar ümmer noch wech,
aber die unverzollte Ware, die is schon
wieder da.

Tiefer:
Arkaden östlich der Wilhelm-
Kaisen-Brücke an der Uferpromenade. Fundament für die
1851 errichteten Zollgebäude,
die – im Krieg zerstört – wegen
der Verbreiterung der Straße
„Tiefer" nicht wieder aufgebaut
wurden.

Die Tiefer wo der Zoll mal obenauf war

und der Ludwig Roselius, der hat den koffeinfreien Kaffe erfunden und verdiente sich daran
ne goldene Nase, und wenn er damit aufe Aabeit ging, musste er ümmer durche Böttcherstraße.
Aber die Straße war damals ganz gammelich, und die Häuser meist alle Bruch.
Nur Haus Nummer 6, das ging noch einigermaßen.
Und das gehörte zwei alten Frolleins, Tante und Nichte Pennmeyer, die das Haus loswerden wollten.
Und wenn der Roselius aufe Aabeit ging, dann fragten sie ihn ümmer,
na, Herr Roselius, wie isses. Aber der wollte nich und ging zur Aabeit. Aber eines Tages hat die Nichte
ihm ein Brief geschrieben, und da steht drin: „Lieber Herr Roselius, kommen Sie
doch bitte herein und sehen sich das Haus an, Tante hat auch frischen Butterkuchen gebacken."
Und da konnte der Roselius natürlich nich anners und hat das Haus gekauft.
Und als er das Haus denn eersma hatte, da war er nich mehr zu bremsen und kaufte sich gleich
die ganze Böttcherstraße dazu.

Roselius-Haus:
Haus Böttcherstraße Nr. 6.
1588 erbaut.
1904 von Ludwig Roselius
gekauft. Heute Museum.

Roselius-Büste:
Bronzeplastik im Gewerbehof
der Böttcherstraße.
1922 geschaffen von Bernhard
Hoetger.

39 **Das Roselius-Haus** wo die Damen dem Herrn ein Angebot machten

und der Roselius hatte nich nur seine Kaffebohnen im Kopp, sondern auch Ideen. Denn als ihm die ganze Böttcherstraße gehörte, dachte er, dasser da djezz einklich mal die eerste Fußgängerzone der Welt von machen könnte und dass die ganze Straße ein Kunstwerk werden sollte. Und da wusste der Roselius, es gibt nur einen, der das kann, und das is der Bernhard Hoetger. Und der Hoetger leechte los und war Ahschitekt und Inschenjör und Bildhauer und Maler und machte die schönen Entwürfe und rechnete durch, ob nix zusammenkracht. Und nahm alles ganz genau und hat jeden Stein selps ausgesucht und den Maurern auch ümmer gesaacht, wo der hinkommt. Aber er konnte es nich nur gut mit Stein, sondern mit egal was: mit Holz, mit Eisen, mit Kupfer – und auch mit Glas: Und in dem Haus, wo heute das Hotel drinne is, da hat der Hoetger aus Glasbausteinen den Himmel gebaut. Und das is genau der Himmel, wo auch unsereiner mal reinkommt. Wir müssen allerdings vorher im Hotel fragen, wann es passt und ob wir mal kurz den Schlüssel haben können.

Himmelssaal:
Oberster Raum des 1930/31 von Bernhard Hoetger geschaffenen Hauses „Atlantis". Der weltweit vielleicht schönste Innenraum im Stil des Expressionismus. Die Glasbausteine im Himmelssaal sind nicht mehr original, weichen daher in ihren Farbschattierungen von denen im Treppenhaus etwas ab. Sie symbolisieren den Himmel und die Sterne.

Der Himmelssaal wo einer die Steine ausgesucht hat

und die Sieben Faulen sind n Bremer Märchen. Und die waren gaa nich faul,
die waren bloß plietsch und haam sich nich mehr Aabeit gemacht als notwendig.
Denn, weil se nich ümmer von weit wech das Wasser ranschleppen wollten,
hamse Brunnen gebohrt.
Und weil se die Felder nich ümmer wieder trockenlegen wollten,
hamse Gräben gezogen.
Und weil se die Karre nich ümmer ausm Dreck ziehen wollten,
hamse Straßen gebaut.
Und alles sowas haam die gemacht.
Aber das warn natürlich damals alles neue Technullegihn.
Und wer da neidisch auf war, aber trotzdem beie alten Technullegihn blieb,
der saachte denn einfach, igitt, sind die sieben Brüder faul,
wolln kein Wasser ranschleppen und keine Karre ausm Dreck ziehen
und gaa nix.

Die Sieben Faulen:
Sieben Giebelfiguren am Haus
Nr. 8 in der Böttcherstraße.
1927 geschaffen von Alois
Röhr. Erinnerung an das von
Friedrich Wagenfeld im 19. Jh.
verfasste „Bremer Volksmär-
chen" von den Sieben Faulen.
Das Haus heißt daher auch
„Sieben-Faulen-Haus".

Auf das Märchen (Thema:
technischer Fortschritt) nehmen
in Bremen auch weitere Darstellungen der Sieben Faulen
Bezug, z.B. von Bernhard Hoetger
(1926) auf dem Handwerkerhof
in der Böttcherstraße und vor dem
Siemens-Hochhaus in der Nähe
des Hauptbahnhofs.

41 **Die Sieben Faulen** wo die annern neidisch waren

und das Klavier aufer Stange vore Weserterrassen haam die da
natürlich nich mit reiner Manneskraft hochgekricht, sonnern mit Kran.
Aber klaviermäßig kannst du mit Kran am Haus „Spitzen Gebel"
nix werden. Das is nämlich 600 Jahre alt, und da war Schmalhans Baumeister.
Die Fenster sind so klein, dass du da man gerade die Noten
durchschieben kannst, aber n Klavier, nee. Und das Treppenhaus is so
eng, dass du das Ding da meist hochkant wuppen musst.
Aber wie es nun der Deubel wollte, wurde in dem Haus dauernd umgezogen.
Und jeder brachte sein Klimperkassen mit, und der klang natürlich
am besten ganz oben. Und wegen der ganzen Manneskraft, die dabei denn so
mit der Zeit aufer Treppe verschwendet wurde, heißt das Haus
„Klavierträgerhaus".

Klavierträgerhaus:
Volkstümliche Bezeichnung des
Hauses „Spitzen Gebel" in der
Straße „Hinter dem Schütting"
(Nr. 1). Erbaut um 1400.
Das letzte der in dieser Bauart
errichteten bremischen
Bürgerhäuser.

Das Klavierträgerhaus wo Schmalhans Baumeister war

und wenn du irgenzwo zwischen Wall und Sielwall vom Osterdeich
nache Neustadt rüberkuckst, dann siehst du sofort egalwech das alte Wasserwerk.
Weil das nämlich sehr dumminant is, aber die Paazellen umzu nich.
Und weil das Wasserwerk vonner Ferne nur n Kassen is, wo oben inne Ecken
n paar Stummel überstehen, saacht der Bremer da „Umgestülpte Kommode" drauf.
Wobei auch der Herr Inspeckter vom Wasserwerk sehr dumminant war,
aber der Opa vonner Paazelle nich.
Und der Herr Inspeckter saachte denn so von oben auf den kleinen Opa runter,
na, Opa, musste wieder deinen Schiet aufe Rosen schmeißen?!
Und da saachte der Opa, nun gehen Sie mal schön inne Kommode
und machen da Ihr Wasser, damit ich zu Hause was hab, wo ich den Schiet
mit runterspülen kann.

Umgestülpte Kommode:
Volkstümliche Bezeichnung für
das 1870–1873 gebaute Wasserwerk auf dem Stadtwerder
unweit der Wilhelm-Kaisen-
Brücke. Eines der ersten Sand-
filterwerke Deutschlands.
Architektonisch als Turmbau
konzipiert, der stilistisch die
Backsteingotik nachempfindet.
Von den vier Ecktürmen, die
durch Verwitterung einzu-
stürzen drohten, sind nur noch
Sockel erhalten. Die sich
dadurch bei beiläufiger Ansicht
des Bauwerks ergebende Form
hat ihm dann seine volkstümliche Bezeichnung eingebracht:
„Umgestülpte Kommode".

43 **Die Umgestülpte Kommode** wo was inner Ecke is

und in den lüttjen Häusern im Buntentorviertel, da waren die Zigarrenmacher.

Und die drehten im Schnitt so fast 14 Stunden lang am Tach ihre Zigarren.

Blieben aber aame Deubel.

Und die hatten tapfere Frauen, die schmuggelten ihnen den Tabak, umme Beine gewickelt,
am Zoll vorbei. Das nützte aber auch nix.

Die blieben ümmer noch aame Deubel.

Und dann haam die Zigarrenmacher 1849 in Deutschland die erste Gewerkschaft gegründet
und haben sich gesaacht, djezz isses auch egal, satt werden wir sowieso nich,
djezz aabeiten wir für einen mit, und der soll uns dafür ümmer schön was vorlesen.
Damit wir schlauer werden und das Sotschialdemokratische inn Kopp kriegen
und keine aamen Deubel bleiben.

Und da passte es natürlich gut, dass bei den Zigarrenmachern umme Ecke ein Sotschialdemokrat
ne Kneipe hatte, nämlich der Friedrich Ebert, der dann später die Kneipe dichtmachte
und deutscher Reichspräsident wurde.

Die Zigarrenmacher: Bronzeplastik am Buntentorsteinweg/Ecke Kirchweg. 1984 geschaffen von Holger Voigts. Zur Erinnerung an einen der wichtigsten Bremer Industriezweige im 19. Jh. Als Bremen (1839) fast 80 Tabak- und Zigarrenfabriken hatte und (1851) 300 Millionen Zigarren in alle Welt sandte. Sehr viele davon in Heimarbeit hergestellt. Ausbeutung der Heimarbeiter. Daher Hinwendung der „Buntentorschen Zigarrenmokers" zur entstehenden Sozialdemokratie und 1849 Gründung der ersten deutschen Gewerkschaft. Unter dem Namen „Vorwärts".

Die Zigarrenmacher wo die Gewerkschaft ins Rollen kam

und inner Neustadt steht ein schöner, alter Feuerlöschbrunnen. Und dadrauf
steht ein schöner, alter Roland, mit Gold anne Beine und spitze Knie und alles, wie es sein muss.
Aber man kuckt da trotzdem leicht überhin.

Weil es nämlich nur n ganz kleiner Roland is. Nur n paarmal so groß wie beim riesigen Roland
die Gürtelschnalle. Und über die kuckt einer ja eers recht leicht überhin.

Sowieso schon. Weil um die kleine Schnalle noch überall Riesendinger umzu sind – der Roland selps,
aber auch das Rathaus und der Dom und der Schütting undundund.

Und das muss man ja eersma erfassen. Is klar. Und dann muss man auch bald schon wieder wech
und hat keine Zeit mehr für die kleinen Dinger. Is auch klar. Und das macht auch nix.

Weil es djezz ja dies Buch gibt.

Wo Riesendinger eimfach gaa nich vorkommen. Wo man also reinweg gezwungen wird, sich kleine
Dinger anzukucken. Wo wir aber dachten, das sagen wir am besten eers

ganz am **Schluss.**

Kleiner Roland:
Volkstümliche Bezeichnung der
Bekrönung eines Feuerlösch-
brunnens von 1737 auf dem
„Neuen Markt" in der Bremer
Neustadt. Wurde vermutlich
geschaffen vom Bremer
Bildhauer Theophilus Wilhelm
Frese. (Der Brunnen wurde
in der Neustadt mehrfach
versetzt, kam erst 1899 auf den
„Neuen Markt", wurde dort 1965
vom Nordende an das Südende
verlegt.) Die bildhauerischen
Details und Bemalungen
lassen unschwer erkennen, dass
dem „Kleinen Roland" der große
Roland auf dem Bremer
Marktplatz Pate gestanden hat
und Vorbild gewesen ist.

45 **Der Kleine Roland** wo einer leicht überhin kuckt

© Verlag H. M. Hauschild GmbH, Bremen
Dritte Auflage 2013
Konzept und Grafik: Wolfgang Jarchow
Konzept und Fotos: Lothar Klimek
Konzept und Text: Oskar Weldman
Gesamtherstellung: H. M. Hauschild GmbH, Bremen

ISBN 978-3-931 785-86-4

Wolfgang Jarchow

wurde in Bremen geboren,
hat in Bremen studiert und
in Bremen eine Bremerin
geheiratet.
Ist heute Professor für Grafik
Design in Bremen.
Interessiert sich für Bremen
und für Architektur.
Schätzt bei Reisen vor allem die
Rückreise nach Bremen.

Lothar Klimek

kam aus Ostpreußen nach
Stuttgart, lernte dort
an der Kunstakademie ganz
ordentlich zu fotografieren.
Wurde daher in Bremen
Professor für Foto-Design.
Fotografiert heute als freier
Künstler. Kam dabei auf
weltweiten Reisen nach China,
Soltau und an den Polarkreis.

Oskar Weldman

wurde in Bremen geboren,
nahm ab 1942 am Krieg teil,
besuchte erfolgreich Volksschule
und Volkshochschule, hatte
diverse Tätigkeiten im
Öffentlichen Dienst in Bremen
und reiste nach Hamburg,
Niedersachsen sowie Mallorca
(zweimal).
Hobby: gutes Buch.